NOTICE BIOGRAPHIQUE

ET

INDICATION DES TRAVAUX

DE CHIMIE, DE PHYSIQUE, DE MÉDICO-CHIRURGIE
ET DE THÉRAPEUTIQUE

DE

Charles BRAME

NOTICE BIOGRAPHIQUE

ET

INDICATION DES TRAVAUX

DE CHIMIE, DE PHYSIQUE, DE MÉDICO-CHIRURGIE

ET DE THÉRAPEUTIQUE

DE

Charles BRAME

Docteur en médecine,
Professeur de Chimie et Toxicologie à l'École préparatoire de médecine
et de pharmacie de Tours,
Membre correspondant des Sociétés Philomathique et de Pharmacie de Paris,
Membre non résidant de la Société Chimique de la Capitale, etc.

TOURS

ERNEST MAZEREAU, IMPRIMEUR BREVETÉ

—

1876

I

NOTICE BIOGRAPHIQUE

NOTICE BIOGRAPHIQUE

DE

M. Charles BRAME

Docteur en médecine,
Professeur de chimie et de pharmacie à l'Ecole préparatoire
de médecine et de pharmacie de Tours,
Membre correspondant des Sociétés Philomathique et de Pharmacie
de Paris,
Membre non résidant de la Société chimique de la capitale, etc.

———+*+———

Charles-Henri-Auguste Brame, né à Lille le 19 octobre 1813, a fait ses études en partie au collége de Lille, en partie à l'institution de M. Brabant, à Tournai (Belgique).

Bachelier ès-lettres en l'année 1830, à l'âge de 17 ans, il ne tarda pas à entrer dans les hôpitaux militaires, en qualité de pharmacien-élève, le 11 août 1831, en raison du choléra qui s'approchait; car il fallait avoir dix-huit ans accomplis pour pouvoir entrer dans les hôpitaux militaires. La même année, le 27 août, il obtint le premier prix de botanique de la première classe aux écoles académiques de Lille; l'enseignement de la botanique y était fait par M. Lestiboudois, depuis devenu membre correspondant de l'Académie des sciences. M. Brame, à cette époque, servait de secrétaire à M. Fée, démonstrateur à l'hôpital militaire de Lille, qui fut bientôt nommé professeur titulaire à l'hôpital militaire et à la Faculté de Strasbourg.

Le 4 mai 1832, M. Brame fut nommé sous-aide pharmacien à l'hôpital militaire de Cambrai, où il fut attaché au service des cholériques ; et le 12 août de la même année il fut nommé, sur la recommandation de M. Fée, pharmacien sous-aide-major à l'hôpital militaire d'instruction de Strasbourg.

En même temps qu'il faisait son service à l'hôpital, il prenait ses grades de docteur en médecine à la faculté de Strasbourg, où ayant concouru, il obtint successivement deux prix ; en même temps il obtint une mention honorable et un second prix à l'hôpital militaire de Strasbourg.

En 1835, M. Brame obtint un premier prix à cet hôpital, ce qui le conduisit à l'hôpital du Gros-Caillou à Paris. Là il passa dans la chirurgie, fut nommé chirurgien-sous-aide, et ayant concouru pour obtenir le grade de pharmacien-aide-major, il lui fut accordé 3050 points, chiffre élevé qui fut signalé par MM. les membres du jury à l'attention de M. le ministre de la guerre.

Puis il fut envoyé à l'hôpital militaire de Versailles, en attendant le grade d'aide-major, le 8 novembre 1837 ; il était âgé de 24 ans.

Le 28 août 1838, il fut reçu docteur en médecine de la Faculté de Paris ; sa thèse sur la force catalytique lui valut la note *bien satisfait*.

Le 11 février 1839, il donna sa démission de chirurgien sous-aide ; par une erreur singulière, on l'avait déclaré phthisique et on l'avait désigné pour l'hôpital de Bayonne ; se croyant phthisique, il donna sa démission. Pensant qu'il avait peu de temps à vivre, il se fit médecin praticien à Paris, et choisit la spécialité des femmes et des enfants. Mais voyant qu'on s'était trompé à son égard et sa santé se rétablissant, il entra comme directeur au laboratoire de M. Gaultier de Claubry, situé à l'école polytechnique (1840).

En 1841, fondation des écoles préparatoires de médecine et de pharmacie, entre autres de celle de Tours ; M. Brame obtint au concours la place de professeur de chimie et pharmacie. Mais il n'était pas bachelier ès-sciences, ce qui est exigé pour obtenir définitivement cette place ; il fut reçu bachelier ès-sciences le 27 août 1842.

Le 25 août 1843, à l'âge de 29 ans, il reçoit sa nomination définitive. Villemain, ministre de l'Instruction publique, écrit à un autre ministre qui avait témoigné en faveur de M. Brame : « Je suis heureux, Monsieur, d'avoir pu répondre à votre honorable témoignage en faveur de cet estimable fonctionnaire. »

Cette même année, M. Poulain de Bossay, recteur de l'Académie d'Orléans, étant venu visiter l'école de Tours, dit à M. Brame, en constatant ses efforts et ses travaux assidus, pour fonder le laboratoire de chimie de l'école de Tours : « L'école vous devra beaucoup. »

Pendant les trente-cinq années que le professeur a dirigé le laboratoire, il a reçu toutes sortes d'éloges des inspecteurs, notamment de M. Guibourt qui, dans son rapport, s'est exprimé ainsi qu'il suit : « Le laboratoire de l'école de Tours possède une riche collection, dirigée par un chimiste distingué. »

En 1847, M. Brame fut chargé du cours municipal de chimie de la ville de Tours ; deux cents auditeurs fréquentaient ce cours, qui fut interrompu par les événements de 1848.

En 1850 il fit un cours de chimie agricole aux contremaîtres de la colonie de Mettray.

Il a été membre du conseil d'hygiène et inspecteur des pharmacies de l'arrondissement de Tours, vice-président du comice agricole de Saint-Florent-le-Vieil (Maine-et-Loire), 1850.

En 1851, il fut chargé d'une mission par MM. les Préfets d'Indre-et-Loire et du Nord, pour l'hygiène des campagnes; cette mission aboutit à une nouvelle méthode de fabriquer les fumiers, qui fut installée à Mettray et qui depuis s'est répandue dans toute la France.

Avec Minangoin, directeur de l'agriculture à la colonie de Mettray, M. Brame s'étant occupé de chimie agricole, obtint les récompenses suivantes :

Concours régional de Tours, 1856,
> Médaille d'argent.

Concours universel d'agriculture de Paris, 1856,
> Médaille d'argent.
>
> Deux Mentions honorables.

Concours général de Paris, 1860,
> Médaille d'or.
>
> Mention honorable.

Depuis vingt années, M. Brame est expert-chimiste de la ville de Tours ; il a établi un nouveau mode de répression pour les falsifications du lait

Pendant vingt années il a été expert-chimiste des tribunaux de Tours.

M. Brame a obtenu les *Savants étrangers* à l'académie des sciences; il est membre correspondant de la société philomathique de Paris, dès l'année 1852, de la société de pharmacie de Paris, depuis 1862; il est membre des sociétés médicale et d'agriculture d'Indre-et-Loire ; de la société académique des sciences et d'agriculture de Lille; de la société centrale de médecine du département

du Nord, de l'association des pharmaciens de Montpellier ;
membre associé de la société des sciences naturelles de
Versailles ; membre correspondant de la société indus-
trielle d'Angers, de la société de chirurgie de Madrid ; de
la société de médecine de Wilna (Pologne russe); membre
non résidant de la société chimique de Paris, etc.

II

TRAVAUX

A

L'ACADÉMIE DES SCIENCES

ET A LA

SOCIÉTÉ PHILOMATHIQUE DE PARIS

TRAVAUX DE CH. BRAME

1. Les premiers travaux de M. Brame remontent à sa thèse (1838) « sur la prétendue force catalytique »; puis, en 1844, « sur les corps vitreux et l'acide arsénieux en particulier. » Empoisonné à la Sorbonne par la vapeur d'acide arsénieux, en répétant ses expériences, devant M. Dumas, l'intoxication dura quinze jours ; il rendait de l'arsenic par les voies urinaires, deux mois et demi après l'empoisonnement ; ce qui est contraire à ce qui se passe chez les animaux qui au bout de quinze jours, un mois, sont débarrassés de l'arsenic qu'on leur a fait ingérer. M. Brame souffrit pendant quatre mois et ne se guérit qu'en se faisant médecin de campagne, dans la Vendée ; là, obligé de monter à cheval, il se rétablit complètement. M. Arago parla de cet empoisonnement à l'Académie des sciences ; il s'exprima ainsi : « La commission nommée pour examiner le mémoire de M. Brame devra lui recommander d'agir à l'avenir sur des substances moins dangereuses. » Ce à quoi M. Dumas répliqua : « M. Brame a appris à ses dépens que l'acide arsénieux était plus volatil qu'on ne le croyait avant ses expériences. » Le célèbre chimiste présenta lui-même le

mémoire de M. Brame, et s'exprima ainsi qu'il suit : « Les expériences de M. Brame présentent l'acide arsénieux en masses rubanées, ce qui met sur la voie pour expliquer les agates rubanées dont la formation est encore un mystère pour la minéralogie. L'observation de M. Brame à cet égard, paraît à M. Dumas, très-digne de l'attention des géologues. »

1845. — 2. En recherchant la cause qui fait les corps vitreux, M. Brame s'était aperçu qu'il fallait tenir compte de l'état de vapeur : il rechercha ce qu'on pouvait saisir de phénomènes physiques dans cet état jusqu'alors mystérieux, et ayant soumis au microscope les dépôts, fournis par les vapeurs, il découvrit, le 29 août 1845, l'état utriculaire dans les minéraux et les substances organiques.

C'était une véritable découverte qui ouvrait la porte à bien d'autres et qui fut communiquée à l'Académie des sciences, sous forme d'une lettre à M. Dumas, insérée dans les comptes-rendus. Depuis, M. Brame communiqua à cette Académie :

1849. — 3. Une classification de l'état utriculaire dans les minéraux et les substances organiques.

4. Des recherches sur la cristallisation du soufre.

5. Des recherches sur le soufre, dit vitreux, et sur l'acide arsénieux.

6. Recherches sur l'état utriculaire du phosphore.

7. Quatre-vingts densités du soufre, rapportées aux états moléculaires de ce corps.

Cet ensemble de communications reçut l'approbation complète de l'Académie des sciences qui, sur le rapport d'une commission composée de MM. Dumas, Pelouze, Despretz et Dufrénoy, rapporteur, accorda l'honneur de l'insertion, parmi ceux des *Savants étrangers*, au premier mémoire de M. Brame. C'est le plus grand honneur que puisse faire l'Académie.

M. Brame continua le cours de ses présentations à l'Académie des sciences ainsi qu'il suit :

1852 —   8. Sur la structure des corps solides (clivage par la voie humide). — Lettre à Babinet.

1853 —   9. Sur la cristallisation des corps en tables carrées.

id. — 10. Sur le soufre de Vulcano et le Calcaire de Savonnières.

id. — 11. Sur l'acide cyanhydrique (toxicologie).

id. — 12. Sur les litières marneuses.

id. — 13. Sur l'amorphisme et le polymorphisme du soufre.

1854 — 14. Sur les vapeurs de mercure, d'iode, etc., à la température ordinaire.

id. — 15. Essais par la voie aériforme.

1860 — 16. Sur les fumiers d'étable et d'écurie.

1876 — 17. Sur l'influence perturbatrice des masses voisines sur la forme et les dispositions des cristaux.

id. — 18. Nouveaux moyens de recherche chimico-légale de l'arsenic et de l'antimoine.

ASSOCIATION SCIENTIFIQUE

à Nantes, 1875.

1. Sur les vapeurs de mercure, d'iode, de soufre, etc., à la température ordinaire.

2. Sur la Corrélation des forces physiques.

SOCIÉTÉS SAVANTES DE PROVINCE

réunies à la Sorbonne, en 1876.

Sur le soufre mou, le soufre utriculaire, le soufre cristallisé de fusion, et le soufre insoluble; mémoire accompagné d'une planche en chrômo-lithographie et de plusieurs tableaux.

M. Brame démontre l'origine utriculaire du soufre mou, du soufre cristallisé de fusion et du soufre insoluble.

SOCIÉTÉ PHILOMATHIQUE

En l'année 1852, M. Brame fut nommé, sur la présentation de MM. Elie de Baumont et Despretz, membre correspondant de la société philomathique de Paris.

1. En 1846, il avait mis sous les yeux de cette société un mémoire sur les essais par la voie aériforme.

2. Un second mémoire sur l'acide arsénieux et la forme vitreuse en général.

3. En 1849, il lui présenta des recherches sur le soufre, comprenant un mouvement moléculaire sensible dans un corps d'apparence solide et divers phénomènes, se rapportant à l'état utriculaire.

4. Sur la vapeur de mercure à la température ordinaire. M. Brame démontra, contrairement à ce qu'avait établi Faraday, l'illustre physicien anglais, que la vapeur de mercure s'élève à plus d'un mètre à la température de 12°. Il démontra encore que la vapeur d'iode refoule la vapeur de mercure; il se dépose un amas de cristaux rouges d'iodure de mercure, dont la hauteur est en rapport avec la température (12° — 20-22 milli.) (26° — 36-38 milli.)

M. Brame présenta successivement à la société philomathique des communications sur les sujets suivants :

1851 — 5. Sur le soufre compact transparent et l'acide arsénieux vitreux.

1851 — 6. Sur la vapeur de mercure (nouveaux faits).

id. — 7. Sur la solubilité des variétés de soufre dans le soufre de carbone.

id. — 8. Sur le phosphore utriculaire.

id. — 9. Sur le soufre mou.

id. — 10. Sur les densités du soufre et diverses propriétés corrélatives de ce corps.

id. — 11. Essais par la voie aériforme (nouveaux faits).

───────

1852 — 12. Sur les propriétés des cyclides.

id. — 13. Sur l'action de la chaleur, relativement aux densités du soufre.

id. — 14. Sur la sphéroïdie et la cycloïdie.

id. — 15. Sur le clivage par la voie humide.

id. — 16. Sur l'action du suc pancréatique sur les huiles.

id. — 17. Cyclides et formations cyclidaires dans la nature.

id. — 18. Sur la cristallisation du potassium et du sodium.

───────

1853 — 19. L'acide arsénieux iodé ne contient pas de soufre.

id. — 20. Sur la loi des proportions multiples de Delton et sur les atmosphères particulaires.

id. — 21. Atmosphères particulaires (plomb, bismuth, zinc, antimoine).

id. — 22. Cyclides (magnétisme).

id. — 23. Cyclides (capillarité).

III

TRAVAUX

A L'ACADÉMIE DE MÉDECINE DE PARIS

A LA

SOCIÉTÉ DE MÉDECINE D'INDRE-ET-LOIRE

ET A

LA SOCIÉTÉ D'AGRICULTURE, SCIENCES, ETC.

D'INDRE-ET-LOIRE

1

ACADÉMIE DE MÉDECINE DE PARIS

———

SOCIÉTÉ MÉDICALE D'INDRE-ET-LOIRE

PHYSIOLOGIE GÉNÉRALE.

1847 — 1. Analyse d'un travail de MM. Edwards et
Haime, sur les polypiers, 12.
1850 — 2. Bile, 18.
3. Chondrine transformée en gélatine, 34.
4. Germination, 111.
5. Endosmose, 119.

1854 — 6. Emulsion pancréatique, 13.
7. Chondrine, 17.
8. Pepsine, 30.
9. Globules du lait, 63.

1855 — 10. Exosmose du ferment.

1861 — 11. Chaleur animale.
12. Étude sur les moyens de faciliter les recherches d'anatomie ; coloration des tissus par
imprégnation successive.

TOXICOLOGIE. — CHIMIE LÉGALE.

1845 — 1. Action du brôme sur l'économie animale, 112.
     2. Moyen de distinguer les petites taches de sang, 28.
1846 — 3. Vinaigre cantharidé, p. 98. (Mémoire présenté à l'Académie de médecine en 1844.)
1847 — 4. Acide arsénieux vitreux et opaque, 74.
1854 — 5. Morphine, extraite de l'estomac d'une femme, p. 15.
     Acide cyanhydrique, retrouvé dans l'estomac d'un jeune homme, après trois semaines d'inhumation, 36.
1860 — 6. Zoospermes en médecine légale, 12.
 id. — 7. Lait de vache, déterminé dans l'estomac d'un enfant nouveau-né.
1862 — 8. Tableaux d'analyse chimique. Papiers réactifs, ix.
1870⎰— 9. Cirrhose du foie, pouvant être provoquée par
1871⎱   l'emploi prolongé de l'arsenic à l'intérieur, 8.

HYGIÈNE

1847 — 1. Rapport sur les cimetières de Tours, p. 13.
1850 — 2. Miasmes, p. 34.
     3. Analyse de l'eau de la Loire et du Cher, 67.
1851 — 4. Analyse de l'air du Pénitencier de Tours, 21.
     5. Amiante chlorhydrique et acétique (ammonoscope).

PATHOLOGIE. — THÉRAPEUTIQUE. — PHARMACIE.

1861 — 15. Traitement du coryza par le cyanure argentique naissant , 14.
      16. Emploi de l'iodure plombique naissant, contre un engorgement scrofuleux.
      17. Emploi successif des pommades de mercure et d'iodure potassique, contre les accidents secondaires de la syphilis.
      18. Iodure argentique hémostatique.
      19. Extrait alcoolique de coaltar, associé à la craie lavée et à différentes huiles, contre les affections cutanées.
      20. Savon d'extrait alcoolique de coaltar pour remplacer le savon de coaltar.
      21. Iodure de soufre dissous dans le sulfure de carbone pour remplacer l'iodure de soufre.

1862 — 22. Pityriasis, 20.
      23. Anthrax, 24.
      24. Solution alcoolique de tannin, 11.
      25. Engelure, 11.
      26. Vin de Malaga iodé, 11.
      27. Rhumatisme, 11.
      28. Teignes faveuse et tonsurante, p. 10.

1864 — 29. Fistule lacrymale, xix.
      30. Injections sous-cutanées ou hypodermiques, p. xix.
      31. Ventouses cylindriques, p. xix.
      32. Vin de Malaga iodé, contre les oxyures vermiculaires, xxx.
      33. Nécrose, xxxi.

SOCIÉTÉ D'AGRICULTURE, SCIENCES, ETC.

D'INDRE - ET - LOIRE

CHIMIE AGRICOLE ET AGRICULTURE.

1876 — 10. Sur le chaulage des graines des céréales.
       11. Emploi du sel marin en agriculture.
       12. Emploi des nitrates en agriculture.

CHIMIE. — PHYSIQUE.

1849 — 1. Force moléculaire. Théorie mathématique, 83.

1850 — 2. Densités du soufre, 96.
      3. Soufre blanc.
      4. Cristaux bruns de soufre.

1854 — 5. Stéréogénie, 113.
      6. Pisolithes de Savonnières.
      7. Soufre dans l'essence de térébenthine.
      8. État utriculaire de l'arsenic, 801.

1856 — Cristallisation du soufre, 16.
      Vapeur de mercure, 16.

1869 — 9. Les couleurs, 131.
      10. Volume de la terre, 126.
      11. Atmosphères particulaires. Lois des proportions multiples, appliquées aux dimensions, 169.
      12. Taches solaires.
      13. Corrélation des forces physiques.

1869 — 14. Décomposition de l'eau oxygénée par l'albumine.

15. Expériences sur le magnétisme.

———

1870 — 16. Albumine et fibrine, plus ou moins organisées, 17.

17 Modification du procédé de distillation de l'acide sulfurique, 17.

———

1872 — 18. Mastic à greffer, 154

19. Définition du sel en chimie, 33.

———

1873 — 20. Analyse des huiles de baleine, en commun avec M. Barret.

21. Vaporisation de l'acide sulfurique à la température ordinaire, 215.

22. Expériences sur les alliages ; alcool à l'état de sphéroïdie mobile (Laiton transformé en cuivre, etc.), 111.

23. Expériences sur les papiers sensibles dans l'obscurité, 59.

24. Expériences sur la décomposition du nitrate d'argent cylindrique, en l'absence de la lumière, 94.

25. La cellule minérale, ou passage de la ligne courbe à la ligne droite, 64.

26. Sur la fermentation , 46.

27. Ether phosphorescent, dans une capsule profonde (sphéroïdie mobile), 61.

———

1874 — 28. Quelques traits de l'histoire physico-chimique de l'eau. (Travail lu à la séance publique de la société.)

29. Sur la variabilité d'un caractère distinctif de l'arsenic et de l'antimoine.

1875 — 30. De la transformation de la chondrine en gélatine, p. 177.

31. De la pepsine et de la viande crue, p 248.

1876 — 32. Sur la suspension des nuages et des vapeurs vésiculaires.

33. Sur l'état utriculaire de l'eau.

34. Cristaux de neige, observés à Tours.

35. Sur les lois mathématiques du passage du sphéroïde au cuboïde.

36. Lois mathématiques qui régissent les cyclides.

IV

PUBLICATIONS DIVERSES

PUBLICATIONS SPONTANÉES

———

1. Travaux de 1856.
2. De la litière-fumier (1860), et en dernier lieu conférence faite à Bourgueil (1874).
3. Les marnes.

———

DISCOURS ET DISSERTATIONS

PRONONCÉS A L'ÉCOLE PRÉPARATOIRE DE MÉDECINE
ET DE PHARMACIE DE TOURS

1 — 1842. Sur Lavoisier.
2 — 1845. Compte-rendu des travaux de l'École.
3 — 1850. Sur l'air atmosphérique.
4 — 1855. Sur l'adhésion et la spongiolie.
5 — 1861. Sur le docteur Duvergé.
6 — 1866. Sur Velpeau.
7 — 1871. La forme protogénique dans les trois règnes,
  ou la matière, le mouvement et la vie.

———

THÈSES

PRÉSENTÉES PAR LES CANDIDATS PHARMACIENS
A L'ÉCOLE PRÉPARATOIRE DE MÉDECINE ET DE PHARMACIE
DE TOURS,

Exécutées sous la direction de M. Brame.

1 — 1867. Sur les empoisonnements par le mercure ; recherche médico-légale de ce métal, par M. Legendre.

2 — 1868. Sur les empoisonnements par l'arsenic et l'antimoine ; recherche médico-légale de ces métaux, par M. Malard.

3 — 1868. Sur les huiles, par M. Husson.

4 — 1868. Études sur les préparations ferrugineuses en général, et particulièrement sur le fer réduit par l'hydrogène, par M. Pavy.

5 — 1868. Sur la glycérine, par M. Goubeau.

6 — 1870. Le lait, par M. Laurent.

7 — 1870. De l'éther, par M. Lhopitallier ainé.

8 — 1870. Spigélies, par M. Baillet.

9 — 1871. Sur les sirops, par M. Lhopitallier jeune.

10 — 1871. Sur les résines en général, et en particulier sur les purgatifs résineux, fournis par les convolvulacées, par M. Carré.

11 — 1871. Des cantharides, par M. Ruband-Duclos.

12 — 1872. Des pommades et des glycérolés, par M. Garrouste

13 — 1872. Essai sur l'allotropie du soufre, par M. Bonneuil.

14 — 1872. Monographie des sénés, et spécialement des sénés officinaux, par M. Boutineau.

NOMBRE DES TRAVAUX

DE CHIMIE, DE PHYSIQUE ET DE MÉDICO-CHIRURGIE, ETC.,

du Dr Charles Brame.

Académie des sciences. 18
Association scientifique à Nantes. 2
Sociétés savantes en 1876, à la Sorbonne. 1
Société philomathique de Paris. 31
Académie de Médecine de Paris. 7
Société médicale d'Indre-et-Loire :
      Physiologie générale. 12
      Toxicologie et chimie légale. 9
      Hygiène. . . . . , ... 8
      Pathologie, Thérapeutique 51
Société d'agriculture, sciences, etc. d'Indre-et-Loire :
      Agriculture et Chimie agricole . . . 12
      Chimie, Physique, Mathématiques. . 36
Publications spontanées. 3
Discours et dissertations à l'Ecole préparatoire de
    médecine de Tours 7

                  Total. 197

On peut y joindre 14 thèses de candidats au grade de pharmacie de 2e classe, exécutées sous ma direction, et concernant des découvertes scientifiques.